tredition®

www.tredition.de

AF197543

Julian Siebert

Die Corona-Tragödie

Eine soziale Odyssee

www.tredition.de

© 2020 Julian Siebert

Verlag und Druck: tredition GmbH, Halenreie 40-44, 22359 Hamburg

ISBN
Paperback: 978-3-347-06048-7
Hardcover: 978-3-347-06049-4
e-Book: 978-3-347-06050-0

Die Corona-

Tragödie

Eine soziale Odyssee

Vorwort

Wer hätte noch vor einem Jahr geglaubt was jetzt passiert. Sind wir ehrlich, das hätte niemand für möglich gehalten. Ja klar, auf Netflix oder Amazon Prime gab es so etwas schon immer zu sehen. Wir haben für einen Einblick in eine Welt voller Panik, wirtschaftlichen Crashs und gefühlter Endzeitstimmung noch Geld bezahlt. Wir saßen vor dem Fernseher oder dem Computer und haben uns in diese Welten hineinziehen lassen. Wir haben uns mit den Hauptfiguren dieser Filme verbunden gefühlt und haben bei diversen Malen mitgefiebert. Ich hoffe es wird ein Happy End geben, haben wir uns doch alle gesagt. Nachdem der Film mit einem Happyend oder zum Negativen geendet hat, haben wir den Fernseher ausgeschaltet und befanden uns wieder in der Realität. Die war, wie wir sie kannten, geprägt von Arbeit, Freizeit, Freunde treffen, mit den Kindern spielen und anderen Aktivitäten.
Unser Alltag schien so häufig in Stein gemeißelt. Irgendwie konnte ihm niemand was anhaben. Auch unsere Einkäufe, die wir häufig immer am gleichen Wochentag erledigten, Kinobesuche, ins Restaurant oder zum Sport gehen, das alles war so in unser Programm einbetoniert. Es stand nie zur Debatte, dass wir unsere lieb gewonnenen Gewohnheiten streng ändern müssten. So etwas war Bestandteil eines Netflixfilms, jedoch nicht unseres Alltags.

Wie surreal wirkt unser alltägliches Leben jetzt? Restaurants und Kneipen sind geschlossen. Fitnesscenter und Kinos mussten ebenfalls bis auf weiteres schließen. Sogar die Friseure, die für so viele von uns zum alltäglichen und gesitteten Leben dazugehören, dürfen nicht mehr ihrem Handwerk nachgehen.
Unser Leben hat sich drastisch verändert. Dinge die wir eigentlich als in Stein gemeißelt sahen, haben sich nun zum Teil fundamental geändert.

Auch auf sozialer Ebene hat sich unser Leben verändert. Unsere Begrüßung haben wir auf ein freundschaftliches Lächeln begrenzt. Wie sehr wurde uns immer wieder eingetrichtert einem Menschen die Hand zu reichen. Schon in ganz jungen Jahren hat man uns das beigebracht und bei vielen von uns ist es im Gehirn verankert. Auch die Nähe zu anderen Menschen wurde nun seitens der Regierungen auf ein „gesundes" Maß vergrössert.

Da der Mensch ein Rudeltier ist, fällt es so manchem sehr schwer einen gesundheitsorientierten Abstand einzuhalten. Es wirkt eben nicht natürlich, wenn ich jemanden die Hand nicht reichen darf und mich dabei noch 2 Meter entfernt von ihm halten muss.

Diese veränderten Gesetzmäßigkeiten nahmen viele von uns an und setzten sie bestmöglich um.

Wozu führt dieses neue Verhalten was nun Tag für Tag mehr in unser Programm integriert wird? Was wird am Ende herauskommen? Wird dies der Anfang eines komplett revolutionierten Soziallebens sein? Werden wir nach der Corona-Krise etwa ein vollständig verändertes Bewusstsein haben?

Werden wir den, der uns die Hand zur Begrüßung reichen möchte, ermahnend ansehen und ihn darauf aufmerksam machen, dass man so etwas doch nicht mehr tun sollte? Werden wir ab jetzt Menschenansammlungen, egal ob auf einem Konzert oder einer Geburtstagsfeier vermehrt aus dem Weg gehen. Vielleicht werden manche Menschen auch ihren Freundes- und Bekanntenkreis verkleinern. Immerhin können auch Freunde ein Virus tragen und einen auf diese Art anstecken.

Die Frage ist, ob die gegenwärtige Ausnahmesituation sich gravierend auf unseren Alltag „nach Corona" auswirkt.

Was wird in unserem Gehirn aus dieser Zeit gespeichert? Welche Programmierung verflüchtigt sich nachher wieder und vor allen Dingen, was bleibt dauerhaft in unserem Kopf und begleitet uns dann fortwährend.

Für mich gibt es in dieser außergewöhnlichen Zeit zwei Bevölkerungs-gruppen.

Die eine Gruppe leidet bereits an dem Coronavirus. Das was diese Gruppe begleitet ist die Angst vor dem Ungewissen. Wird es mir so schlecht ergehen, dass ich ins Krankenhaus muss, vielleicht sogar auf die Intensivstation oder nimmt die Erkrankung bei mir einen milderen Verlauf? Durch das Virus und die damit einhergehende Isolation ist ihr Sozialleben fürs Erste auf das Internet beschränkt. Das und die starke Beschränkung ihrer Freiheiten wirken sehr schwerwiegend. Die Isola-tion kettet Menschen an die Wohnung bzw. das Haus und verhindert den Kontakt und Austausch. Sie verhindert die Nähe zu anderen.

Die zweite Gruppe hat kein Coronavirus, leidet dafür an anderen Din-gen. Viele von ihnen haben große Angst angesteckt zu werden. Sie ängs-tigen sich vor dem Verlauf den diese Erkrankung nehmen kann. Sie ängstigen sich vor Isolation und von anderen Menschen gemieden zu werden.

Auch hier muss man sich die Frage stellen, ob die von mir schon häufig genannte Angst zeitlich begrenzt auftritt bzw. sich nachher wieder auf-löst oder Teil unserer neuen Realität wird.

Ich habe dieses Buch geschrieben, weil es mir ein Bedürfnis ist die mo-mentane Situation näher zu beleuchten. In diesem Buch finden Sie nicht etwa eine Einschätzung über die in Zukunft steigenden und fallenden Aktienkurse oder wie es mit der Weltwirtschaft weitergeht.

Ich beschäftige mich mit der Frage wie es mit den Menschen und deren Leben weitergeht. Was hat oder wird sich noch im Bewusstsein und Ver-halten der Menschen ändern? Wie werden die am Virus erkrankten und die die Angst vor einer Infektion hatten sich in Zukunft begegnen.

Ich werde mich mit der Frage auseinandersetzen, wie geht die Mensch-heit mit dem „Pandemie-Trauma" um. Wird es uns nur kurze Zeit be-gleiten oder bleibt es uns als eine unsichtbare Narbe erhalten.

Da ich zugelassener Therapeut bin und schon mit vielen Menschen zusammengearbeitet habe, werde ich aus meinen Erfahrungen und Erkenntnissen heraus berichten.

Dieses Buch ist mein Blick auf die Corona-Zeit, wie auch die Zeit danach.

Inhaltsverzeichnis

Kapitel 1

Anatomie und Physiologie von Emotionen
(Der Angst auf der Spur)

Ich bin traurig, ich bin wütend, ich freue mich, ich schäme mich, ich habe Angst. Es handelt sich bei diesen fünf Gefühlen um die sogenannten Grundgefühle. Wir leben mit ihnen bereits seit tausenden von Jahren. Sie gehören zu unserem Grundgerüst und sind unerlässlich für unser soziales Dasein.

In unseren jungen Jahren, bevor wir immer mehr ins Denken kommen, nutzen wir sie, um uns mit der Außenwelt zu verständigen. Für ein Baby sind diese Gefühle das wichtigste Werkzeug zur Kommunikation. Auch später noch sind sie ein fester Bestandteil unseres Programms.

Wir sind traurig, wenn man uns verletzt hat. Wir sind froh, wenn wir was Tolles erlebt haben. Wir schämen uns, wenn wir vor einer Gruppe etwas Peinliches gesagt haben.

Die Emotionen sind die eigentliche Sprache unserer Seele. Nichts ist ehrlicher als sie. Es ist die Sprache unseres Unterbewusstseins und sollte stets gehört und angenommen werden.

In dieser verwirrenden und eigenartigen Zeit sprechen viele von uns diese fundamentale Sprache. Es gibt gegenwärtig viel zu trauern, viel Wut und viel Angst in den Menschen.

Eines dieser unwillkürlichen Gefühle kommt nun immer mehr vor.

Es kommt aus den Tiefen des Gehirns und wird durch die Medien und die sozialen Netzwerke massiv geschürt. Die Angst geht um!

Was ist Angst? Was im Kopf ist für dieses ungemütliche Gefühl verantwortlich?

Um diese zu ergründen möchte ich mit Ihnen einen Ausflug in die Anatomie des Gehirns machen.

Archicortex, Paleocortex, Neocortex, Limbisches System. Ich werde diese Strukturen erklären und Ihnen mit diesem Wissen eine gute Basis für das Lesen dieses Buches geben.

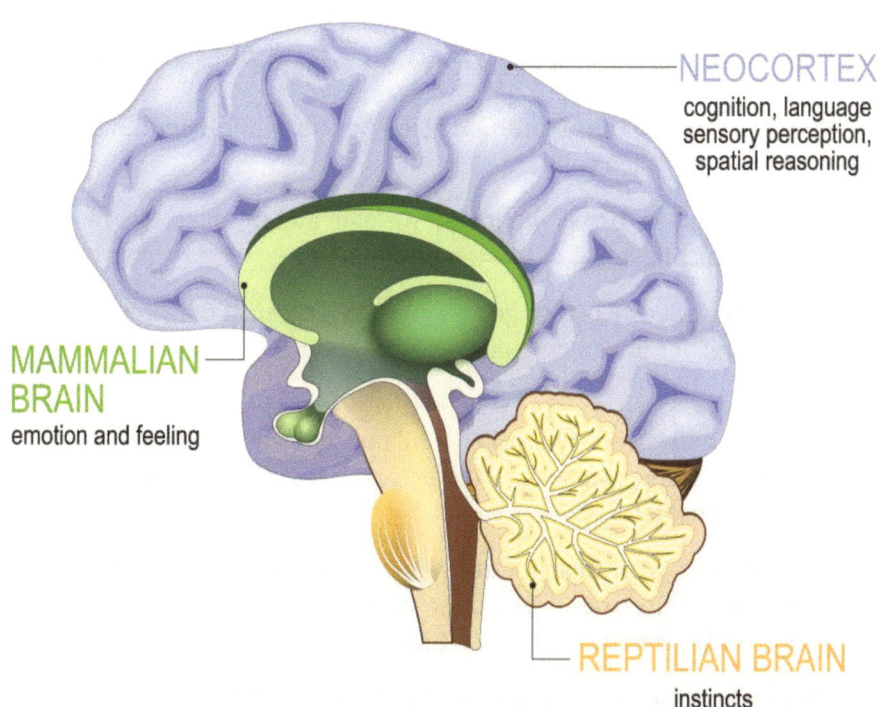

Brain evolution

NEOCORTEX
cognition, language
sensory perception,
spatial reasoning

MAMMALIAN
BRAIN
emotion and feeling

REPTILIAN BRAIN
instincts

Archicortex/Reptilian Brain

Der Archicortex ist der entwicklungsgeschichtlich älteste Teil unseres Gehirns. Er ist der der uns mit den Reptilien verbindet. Mit dem Unterschied, dass wir als Menschen noch über Gehirnareale verfügen, die komplexere Leistungen vollbringen als es der Archicortex tut.

Dieser Gehirnbereich ist für Instinkte/frühkindliche Reflexe bzw. für Lebenserhaltung verantwortlich.

Die Teile, aus denen dieser Gehirnbereich besteht, sind das Kleinhirn, das Stammhirn, wie auch die Medulla Oblongata (verlängertes Mark).

Nachfolgend habe ich die Aufgaben der drei Gehirnbereiche aufgelistet:

- Sie sind der Chef des Blutdrucks. Sie entscheiden, ob der Blutdruck steigen oder fallen soll.

- Sie entscheiden, ob wir mehr oder weniger atmen sollen. Das macht sie zum wichtigsten Zentrum für die Atmung.

- Wenn wir etwas Falsches gegessen haben, dann ist der Archicortex derjenige, der unseren Magen-Darmtrakt durch das Erbrechen säubert.

- Falls wir etwas verschluckt haben, dann schützen sie unsere Lunge durch ein starkes Abhusten. Die drei sind also das Gehirnareal was uns husten lässt.

- Sie sind der Schrittmacher des restlichen Gehirns. Sie können den Rest des Gehirns beruhigen oder stimulieren. Dadurch sind sie für unsere Wachsamkeit verantwortlich.

- Sie sind wichtig für die Motorik. Durch sie wird die Anspannung der Muskulatur geregelt. Ebenso sind sie wichtig für die Speicherung der gelernten Bewegungsabläufe.

- Aus ihnen entspringen die sogenannten Hirnnerven. Der wohl bekannteste Vertreter ist der Vagusnerv. Durch ihn beeinflusst der Archicortex einen grossen Teil des menschlichen Körpers.

- Sie sind für das optimale Funktionieren unseres Schluckreflexes da. Auch damit machen sie sich unglaublich wichtig für den Menschen.

Paleocortex/Mammalian Brain

Der Paleocortex ist jünger als der Archicortex. Man nennt es auch das Säugetiergehirn. Es liegt anatomisch zwischen dem Archicortex und dem Neocortex.
Es besteht aus dem Thalamus, dem Hypothalamus, der Hypophyse und dem Limbischen System.
Da das Limbische System in meinem Buch eine gesonderte Stellung einnimmt, werde ich zu einem späteren Zeitpunkt darauf eingehen.

Dieser Gehirnbereich ist für die Emotionen und das Fühlen verantwortlich.

Nachfolgend habe ich seine Funktionen aufgelistet:

- Über den Hypothalamus und die Hypophyse übt er einen gewaltigen Einfluss auf den menschlichen Körper aus. Er kann alle Organe über seine ausgeschütteten Hormone beeinflussen. Er ist die Schaltzentrale für unser Hormonsystem und das Vegetative Nervensystem.

- Der Thalamus ist das sogenannte Tor des Bewusstseins. Er filtert alle Informationen, die unser Gehirn erreichen. Wichtige Infos werden durchgelassen, unwichtige werden geblockt. Damit übernimmt der Paleocortex eine Schutzaufgabe für den Neocortex.

- Über das Limbische System beherbergt er unser Gefühlsleben sowie unser emotionales Gedächtnis.

- Er ist für den Schlaf-Wachrhythmus verantwortlich.

Neocortex

Er ist der jüngste Teil unseres Gehirns. Ohne ihn würden wir nicht sprechen und auch nicht konstruktiv denken können. Er ist das was uns zu einem fortschrittlichen Menschen macht.

Er wird in folgende Areale unterteilt:

- Frontallappen
- Parietallappen
- Occiptallappen
- Temporallapen

Er ist für folgendes verantwortlich:

- Für unseren Charakter
- Das konstruktive Denken
- Willkürliche Motorik
- Planung von Bewegung
- Wenn wir mit unseren Händen oder Füßen etwas tasten, werden diese Signale im Neocortex verarbeitet
- Sehen
- Hören
- Riechen

- Sprechen und dass wir verstehen was andere Menschen zu uns sagen (Sprachverständnis)

- Kurzzeitgedächtnis

- Konzentration

Der Neocortex kontrolliert unsere Affekte. Er ist der Filter bzw. Kontrolleur für unsere Emotionen. Er erstellt, so könnte man sagen, ein Trugbild von uns.
Da sich im Laufe der Jahrtausende ein Gehirnbereich nachdem anderen entwickelt hat, überdecken sie sich. Besonders deutlich ist das beim Überdecken unserer Emotionen (Paleocortex) von unserer eingebauten Affektkontrolle (Neocortex) zu sehen.
Ebenso werden im Laufe unserer Kindheit die frühkindlichen Reflexe durch den Neocortex überdeckt.
Rückentwicklungen gibt es ebenfalls. Ich spreche z.b. von dem Schlaganfallpatienten (starker Schlaganfall mit massiver Hirnschädigung) dessen Neo- und Paleocortex so stark geschädigt sind, dass nun der darunterliegende Gehirnteil wieder mehr zum Vorschein tritt. Diese Patienten zeigen erneut frühkindliche Reflexe. Eine physiologisch vorübergehende Abschaltung unseres jüngeren Gehirnteils erleben wir in der Nacht. In dieser Zeit müssen wir weder konstruktiv denken noch unsere Affekte kontrollieren.

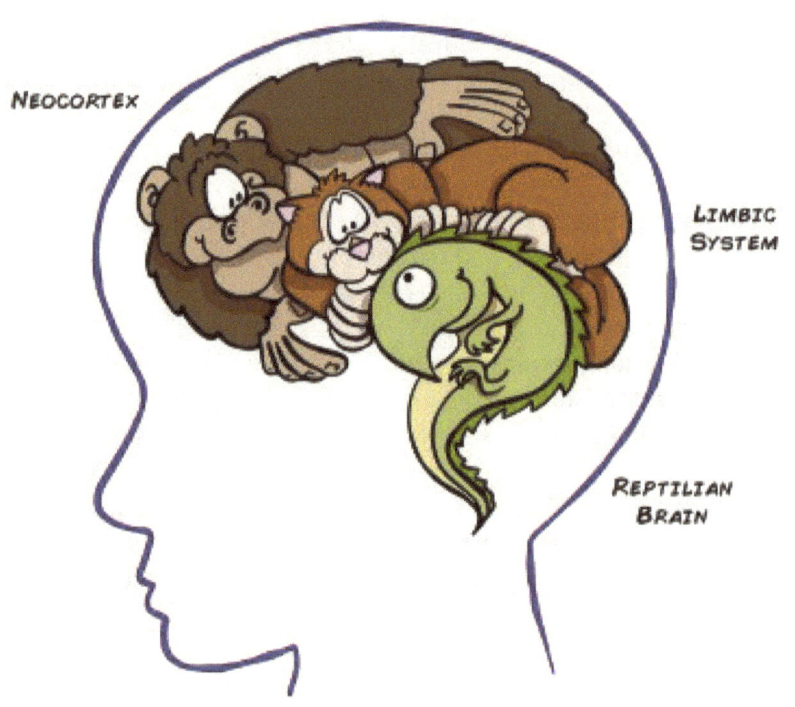

Das Limbische System

Dieser Teil unseres Gehirns ist besonders wichtig.
Zum Paleocortex gehörend und benachbart zum Neocortex ist das Limbische System der Ursprungsort für Emotionen und das emotionale Gedächtnis. Positive, mit Freude verbundene Erinnerungen wie auch negative, mit Trauer verbundene Erinnerungen sind in ihm gespeichert. Dank ihm können wir uns an unsere erste Fahrt mit dem Fahrrad, unseren 18. Geburtstag und unsere Hochzeit erinnern. All die Momente wo reichlich Gefühle vorhanden sind, werden im System abgespeichert.
In der Mitte unseres Gehirns liegend hat es sowohl nach unten wie auch nach oben Nervenverbindungen.

Die Areale, die das Limbische System ausmachen sind:

- **Hippocampus**

- **Amygdala**

- **Hypothalamus**

- **Gyrus Cinguli**

Der **Hippocampus** ist der Teil des Limbischen Systems der maßgeblich für unsere Erinnerungen verantwortlich ist. Er dient als Transporter zwischen dem Kurz- und Langzeitgedächtnis. In ihm werden u.a. unsere Emotionen produziert. Er ist neben den Emotionen wie Freude, Angst und Wut auch ein wichtiges Zentrum für unser Sexualverhalten.

Die **Amygdala** ist der Teil des Systems der als Hauptverantwortlicher für Angst gilt. In ihr sitzen die Erinnerungen, die mit Angst verknüpft werden. Des Weiteren ist sie ein Areal für die Verarbeitung der Emotionen.
Der **Hypothalamus** ist der General des Hormonsystems wie auch des vegetativen Nervensystems. Er ist weitestgehend in alle Reaktionen des

Körpers involviert. Gemeinschaftlich mit der Hypophyse beeinflusst er über Hormone die Niere, die Nebenniere, die Schilddrüse und die Geschlechtsorgane.

Das vegetative Nervensystem versorgt über ihre beiden Teile, den Parasympathicus und den Orthosympathicus, alle Gewebe des Körpers mit ausreichend Blut.

Damit ist der Hypothalamus ein sehr wichtiges Organ und unentbehrlich für den Körper.

Der **Gyrus Cinguli** ist ein Entstehungsort unserer Emotionen, wie auch eine Zentrale für unser Gedächtnis. In ihm sind Nervenzellen, die für das emotionale Lernen verantwortlich sind. Das bedeutet, dass er die Emotionsbildung bei einem Schmerzreiz übernimmt. Aufmerksamkeit und Entscheidungsfindung wie auch die Bildung von Empathiefähigkeit finden in ihm statt.

Die Lage des Limbischen Systems ist erklärend für ihre Wichtigkeit im Gehirn. Aufgrund ihrer zentralen Lage und den Verbindungen, die sie in den Neocortex und den Archicortex hat, kann sie die beiden entscheidend beeinflussen.

Sie ist die „Macht der Mitte" und schafft es, dass der ganze Mensch ihren Entscheidungen folgt.

Das System kann auf eine hervorgerufene schmerzliche Erinnerung hin, den Körper zum Schwitzen bringen. Wiederum kann das Hervortreten einer Angst in unserem Körper starkes Kribbeln erzeugen.

Blutdruckanstieg, schneller Puls, ein blasses Gesicht, das sind hormonelle und neurovegetative Reaktionen, ausgelöst durch den Hypothalamus hinter dem das Limbische System als Initiator steht.

Auch wenn der Neocortex die manchmal ungeliebten Emotionen zu einem gewissen Teil überdecken kann, wird ein starker Reiz dazu führen, dass er diese Aufgabe nicht mehr bewältigen kann und das Limbische System sprichwörtlich im Zickzack springt.

Panikattacken sind gute Beispiele dafür. Dem Körper, der dabei förmlich entgleist, ist es ziemlich egal ob es in einer Gruppe oder ganz allein zu Hause passiert.
Affekte können sehr stark und auch bedrohlich werden.

Während bei Kindern der Neocortex (Kontrolleur der Emotionen) noch nicht genug ausgereift ist, ist er bei Teenagern aufgrund diverser Umbauprozesse auf Zellebene schnell überlastet. Kinder wie auch Teenager verhalten sich häufig irrational und impulsiv. Sie stehen noch vor der Zeit, wo der präfrontale Cortex (ein Teil des Neocortex) für sie denkt und so meistens vernünftige Entscheidungen trifft. Das Denken und Entscheiden findet bei ihnen im Limbischen System statt.

Sehr ähnlich verhält es sich in einer Gruppe. Selbst Erwachsene verhalten sich in einer Gruppe wie ausgewechselt.
Das Verantwortungsbewusstsein ist zusammengeschrumpft. Man gibt es sozusagen an die Gruppe ab.
Der präfrontale Cortex macht quasi ein Nickerchen während wir uns in einer Gruppe befinden. Impulsivität und die verminderte Affektkontrolle deuten auf die Macht hin, die das Limbische System in dieser Situation über uns hat.
Das Verhalten von Gruppen im Fußballstadion ist z.B. grundlegend anders als das Verhalten der Gruppenmitglieder, wenn sie sich nicht mehr in dieser befinden.
Dieses Gruppenverhalten ist von Impulsivität, verminderter Selbstkontrolle, starken Affekten und einer Gruppendynamik geprägt, die schnell zu Gewalttätigkeiten führen können.

Situationen, in denen das Limbische System das Ruder übernimmt und den Körper wie ein General befehligt sind:

- Emotionale Situationen die wir als Gruppe erleben (Gruppendynamik)

- Als Kind (Der präfrontale Cortex ist noch nicht genug entwickelt)

- Als Teenager (Der präfrontale Cortex ist wegen Umbau geschlossen)
- In Situationen die Urängste in uns auslösen oder Situationen, die einen starken emotionalen Reiz auf das System ausüben
- Wenn wir unter Schlafmangel leiden

Die „Macht der Mitte" (das Limbische System) konnte man in den letzten Wochen mehr denn je bemerken und es wird noch einige Zeit dauern bis sie sich wieder einpendelt und der Neocortex (präfrontale Cortex) die alltägliche Denkarbeit übernimmt.

Getriggert durch die Medien und den sozialen Netzwerken in denen wir noch mehr als Gruppe zusammenrückten und uns täglich mit Panikmache berieseln ließen, fingen wir mit Hamsterkäufen und dem Weitergeben von angstschürenden Informationen an.
Durch dieses kollektive Zusammenrücken und dem regen Austausch von reißerischen Nachrichten haben wir unserer „Macht der Mitte" und der der anderen Menschen Nahrung verschafft. Auf diese Weise haben wir die „Macht der Mitte" bekräftigt, in unserem Gehirn den Oberbefehl zu übernehmen.

Kapitel 2

Das Gedächtnis, der Träger des Pandemie-Traumas

Wie sieht es mit der Beschaffenheit unseres Gedächtnisses aus. Was macht die Angst vor dem Erkranken, die Angst vor der Nahrungsmittelknappheit, die Angst vor Arbeitslosigkeit und dem finanziellen Bankrott mit uns? In wieweit speichern sich neue Verhaltensweisen und schlechte Glaubenssätze in unserem Gehirn? Daher fragt man sich, nicht zu Unrecht, wie die Gesellschaft nach der Pandemie funktionieren wird.

Daher möchte ich mich in diesem Kapitel mit der Anatomie und Physiologie des Lernens und des Gedächtnisses auseinandersetzen.

Lernen

Die Pandemie sorgt zweifellos fürs Nach- und Umdenken und lässt uns unseren Horizont erweitern. Die Pandemie lässt neue Synapsen sprießen und baut neuronale Netzwerke auf. Sie baut neurophysiologisch das Gehirn um.

Folgende neurologische Prozesse helfen der Pandemie unser Gehirn umzuprogrammieren:

- Expanding (Es werden mehr Nervenverbindungen zwischen den Zellen gebaut bzw. diese und andere werden auch verstärkt)

- Tuning (Das Vernetzen der Lerninhalte)

- Reconstructing (Eingespeicherte Verhaltensweisen werden verändert)

- Pruning (Abbau von nicht oder wenig genutzten Nervenbahnen und damit Ausradierung von Informationen)

Wichtig: Egal ob Deklaratives, Nicht-Deklaratives Gedächtnis oder Lernvorgänge wie das Expanding, Tuning, Reconstructing und Pruning werden in einer starken Stressphase deutlich gehemmt. Das ist auf hormonelle und neurovegetative Prozesse zurückzuführen. Die Folge von diesen beiden Prozessen ist eine Zentralisation (Der Körper zieht das Blut in die lebenswichtigen Organe) und einer verminderten Durchblutung des Gehirns.

Stadium I: Ein leichtes Gefühl von Angst über einen kurzen einen oder längeren Zeitraum hinweg sorgt im Limbischen System für mehr Aktivität. Der Neocortex (Präfrontale Cortex) bleibt jedoch der „Herr im Haus". Die Durchblutung des Gehirns wird nicht durch das vegetative Nervensystem heruntergeregelt. Lernen und Gedächtnis funktionieren einwandfrei.

Stadium II: Mittelstarke Angst über einen kurzen oder längeren Zeitraum hinweg sorgt im Limbischen System für vermehrte Aktivität. Der Neocortex (Präfrontale Cortex) verliert immer mehr die Kontrolle über das Limbische System und dessen Affekte. Die Durchblutung des Gehirns wurde durch das vegetative Nervensystem ein wenig heruntergeregelt. Lernen und Gedächtnis funktionieren nicht mehr zu 100%.

Stadium III: Starke Angst bzw. Panik über einen kurzen oder längeren Zeitraum hinweg sorgt im Limbischen System für sehr starke Aktivität. Der Neocortex (Präfrontale Cortex) hat so gut wie keine Kontrolle mehr über das Limbische System und dessen Affekte. Die Durchblutung des Gehirns wird durch das vegetative Nervensystem weiter heruntergeregelt. Lernen und Gedächtnis sind mittlerweile stark eingeschränkt.

Das kollektive Lernen (Das Lernen mit und durch die Gruppe) wurde besonders durch die sozialen Netzwerke gefördert. Ob das gut oder schlecht ist kann man nicht mit 100%iger Sicherheit sagen.
Es ist wichtig zu wissen, dass nicht die „Nachricht" das ausschlaggebende Kriterium ist, sondern der Empfänger. Dessen Weltbild ist durch

eigene Erfahrungen (sogenannte Filter) geprägt. Die Summe der Erlebnisse, die er erfahren hat verzerrt bzw. beeinflusst seine Wahrnehmung für Nachrichten ungemein. Auf diese Weise kann eine Berichterstattung beim „Empfänger" etwas Negatives oder etwas Positives auslösen.

Gedächtnis

Das Gedächtnis setzt sich aus mehreren Bestandteilen zusammen. Diese liegen in unterschiedlichen Gehirnbereichen.
Das Ultrakurzzeitgedächtnis besitzt keinen richtigen Speicher. Es handelt sich um eine kurzfristige neuronale Stimulation (unter einer Sekunde). Beim sofortigen Nachahmen ist es aktiv.
Das Kurzzeitgedächtnis besitzt einen Speicher und ist so lange aktiv wie die Lernphase dauert. Damit das Gelernte aus dem Kurzzeit- ins Langzeitgedächtnis wandert, benötigt der Hippocampus eine gute Durchblutung und viel Ruhe. Die Transformation ins Langzeitgedächtnis findet vor allem in der Nacht statt. Daher ist es für jeden Menschen wichtig einen geruhsamen Schlaf zu haben.

Das Langzeitgedächtnis wird in die folgenden Untertypen eingeteilt:

- Das Deklarativ-Episodische Gedächtnis speichert die Inhalte die persönlich mit uns zu tun haben. Sie finden in Raum und Zeit statt. Beispiele: Hochzeit, erstes Mal mit einem Fahrrad gefahren, der erste Kuss. Die Gedächtnisprozesse finden im Hippocampus, dem inneren Temporallappen und dem Neocortex statt.

- Im Deklarativ-Semantischen Gedächtnis sind die Inhalte gespeichert die wir als Wissen verstehen. Berlin ist die Hauptstadt von Deutschland, Colorado liegt in den USA, um Feuer zu machen brauche ich Sauerstoff bzw. ein Zündholz. Typisches Schulwissen wird also im Semantischen Gedächtnis gespeichert. Diese Inhalte findet man im vorderen und äußeren Temporallappen wie auch dem Präfrontalen Cortex.

- Das Prozedurale Gedächtnis beinhaltet gelernte Fähigkeiten und Gewohnheiten. Z.B. vor dem Essen die Hände waschen, Fahrrad fahren, Fußball spielen. Diese Inhalte werden im Kleinhirn wie auch im motorischen Cortex (Teil des Neocortex) bearbeitet und gespeichert.

Der Papez-Kreislauf

Der Papez-Kreislauf ist eine Aneinanderreihung von Nervenzellverbänden die Gedächtnisinhalte bearbeitet und speichert. Dieser Kreislauf findet im Limbischen System („Macht der Mitte") statt.
Die Information gelangt zu erst vom **Hippocampus** in die Fornix (Faserstrang im Limbischen System), von dort aus gelangt sie in den Hypothalamus um anschießend über den Gyrus Cinguli wieder zum **Hippocampus** zu gelangen.
Der Anfang wie auch das Ende des Papez-Kreislaufes ist der Hippocampus.
Die durch die Pandemie freigesetzten starken Emotionen, verbunden mit dem ohnehin schon intensiven Reiz, sind ein toller Dünger für das Erlernen neuer Muster.
Sie hat innerhalb kurzer Zeit in vielen von uns ein riesiges Paket an Emotionen geöffnet und dadurch unsere „Macht der Mitte" förmlich entfesselt. Dank ihr kochen unsere Gefühle hoch und die Umbauprozesse (die besonders im Hippocampus im Gange sind) nehmen ihren Lauf.
Dadurch vermute ich, dass sich sowohl Denkweisen, Verhaltensweisen als auch Gewohnheiten grundlegend verändern werden.
Es ist daher anzunehmen, dass sich unsere Gesellschaft durch die Pandemie in einigen Lebensbereichen signifikant verändern wird.
Es kann bei manchen Menschen in Folge dieser gesellschaftlichen Ausnahmesituation auch zu posttraumatischen Belastungsstörungen bzw. Anpassungsstörungen kommen. Besondere Risikogruppen sind Menschen mit psychischen Vorerkrankungen denen Rückhalt bzw. psychische Stabilität fehlt.

Kapitel 3

Während der Pandemie
(Aus der Sicht eines COVID-19 Erkrankten)

Ich bin mit COVID-19 infiziert. Was geht alles mit diesem so simplen Satz einher. Er ist so mächtig, dass er das Leben von einer Minute auf die andere komplett verändern kann.

Eine ganze Reihe Folgen hat die Infektion für den Betroffenen und auch für die Menschen in seiner Umgebung.

Die Infektion mit diesem hochvirulenten Erreger kann, aber muss nicht, gefährlich für das Überleben werden. Der Verlauf hat viel mit der Widerstandskraft eines jeden Einzelnen und dessen Immunsystems zu tun. Im Falle von Vorerkrankungen des Körpers hat derjenige anscheinend ein erhöhtes Risiko schwer zu erkranken.

Neben dem gesundheitlichen Aspekt ist als nächstes der psychosoziale Aspekt zu nennen.

Die Isolation führt dazu, dass man bis auf weiteres von der Gesellschaft getrennt ist. Es handelt sich dabei um den Entzug von Nähe bzw. um den Verlust von der Interaktion mit unseren Mitmenschen oder gar zur Vereinsamung.

Der dritte, der psychoemotionale Aspekt besteht aus den Emotionen, die durch die Pandemie ausgelöst werden. Wir haben schreckliche Angst vor dem was das Virus mit uns macht. Wir haben Angst vor der Arbeitslosigkeit und den daraus entstehenden existenziellen Nöten. Wir sind wütend, dass wir uns angesteckt haben. Wir sind traurig, dass wir keinen Kontakt mehr zu den Eltern und Freunden haben dürfen.

Ich habe dieses sowie das folgende Kapitel in die Bereiche Gesundheit, Psychosozial und Psychoemotional eingeteilt.

Zur Verdeutlichung und um Ihnen noch mehr den Blickwinkel eines Coronainfizierten näher zu bringen, folgen drei kurze Geschichten.

Ich möchte an dieser Stelle darauf hinweisen, dass die folgenden Geschichten lediglich dafür gedacht sind einen Überblick über mögliche Verhaltens- und Denkweisen zu geben. Außerdem sollen sie Ihnen die menschliche Physiologie näherbringen. Diese Geschichten sind inspiriert von mir bekannten Erlebnissen einiger Menschen.

Gesundheit

Jeder Mensch möchte sein Leben unversehrt verbringen. Erkrankungen sind für die meisten von uns nicht einfach zu verkraften. Wenn sie mal da sind, lösen sie so einiges in uns aus. Je nach Schweregrad belasten sie unseren Geist sehr. Sie sind Traumata gleich und können unseren Charakter nachhaltig verändern. Besonders eine Infektion mit dem Coronavirus kann eine tiefe Kerbe in unsere Gesundheit schlagen.

Eine kurze Geschichte:
Hans ist 55 Jahre alt. Vor zwei Wochen hat er sich mit dem Coronavirus angesteckt. Er leidet an Symptomen wie Atemnot, trockenem Husten und auch Kopf- und Gliederschmerzen. Da er noch nie krank war, ist die Infektion mit dem Virus unfassbar für ihn. Die Symptome, unter denen er jetzt leidet, sind ziemlich stark. Er kommt kaum eine Treppe hoch ohne eine längere Pause zu machen. Der Husten lässt ihn nachts nicht zur Ruhe kommen. Dadurch leidet er zusätzlich unter Schlafmangel.
Im Fernsehen hat er gehört, dass besonders ältere Menschen am Virus versterben. Das macht ihm große Angst. Seine Angst beschert ihm Phasen, in denen er viel in sich gekehrt ist und über seine Situation nachgrübelt. Wie und wo habe ich mich angesteckt? Muss ich durch die Infektion früher oder später ins Krankenhaus? Muss ich dann sogar auf die Intensivstation? Hoffentlich sterbe ich nicht daran.
Ihm gehen weitere Gedanken durch den Kopf (seine „Macht der Mitte" übernimmt immer mehr seine Gedankenwelt). Werde ich jemals wieder gesund? Was ist, wenn meine Lunge durch die Viruserkrankung dauerhaft geschädigt wird und ich dadurch früher sterbe?

Er grübelt Tag für Tag und gesundheitlich geht es ihm auch nicht besser. Es wird sogar schlechter.

Hans befindet sich in einem Teufelskreis. Der drohende Verlust der Gesundheit führt zu Ängsten bzw. zu Panik. Diese wiederum aktivieren das vegetative Nervensystem, welches die Durchblutung des Körpers herunterfährt und so die Heilung bremst und im Endeffekt zu noch mehr Angst führt. Gleichzeitig versetzt es das Gehirn in einen Fluchtmodus (Menschen, die sich in einem Fluchtmodus befinden, können weder konstruktiv denken noch sind sie gut in der Entscheidungsfindung). Der Zustand des Gehirns wird durch den bestehenden Schlafmangel verstärkt (dahinter steckt die „Macht der Mitte" die durch die Stresssituation nun noch mehr das Ruder übernimmt)

Teufelskreise sind häufig in der menschlichen Verhaltensweise zu entdecken. Wer sich darin befindet, kommt nur schwer wieder raus.

Psychosozial

Der Mensch braucht Anbindung an eine Gruppe anderer Menschen. Als fortschrittliche Herdentiere sind wir im Wesentlichen durch unseren Intellekt von den Tieren zu unterscheiden. Erinnern Sie sich bitte an den Anfang des Buches. Dort habe ich gesagt, dass jeder Mensch ein Mammalian Brain hat. Das ist der Teil vom Gehirn wo seine Emotionen kodiert sind. Die Anbindung an die Gruppe ist für einen Wolf, einen Schimpansen und einen Menschen genau gleich wichtig. Wir sind nicht grundlos mit diesem Gehirnteil ausgestattet worden.
Andere Mitmenschen (Eltern, Geschwister, Freunde, Bekannte) gehören fest in das Leben eines jeden.
Was ist aber wenn ich isoliert bin. Wenn ich mit anderen Menschen nur noch über Facebook, Whattsapp oder Skype kommunizieren kann. Ist das gleich viel wert wie einem Menschen direkt von Angesicht zu Angesicht zu begegnen?

Gut, dank Videotelefonie geht es uns in der Isolation schon besser. Doch gleichzusetzen mit einem direkten Kontakt ist es nicht. Es gibt z.b. Spiegelneuronen (Nervenzellen, die auf den direkten Kontakt mit anderen Menschen angewiesen sind) die ohne die Gesellschaft anderer Menschen nicht funktionieren.

Eine kurze Geschichte:
Marianne ist 37 Jahre alt und ist vor einer Woche am Coronavirus erkrankt. Nachdem sie Fieber und Husten bekam fuhr sie ins Krankenhaus. Nach der Durchführung einiger Tests wurde ihr gesagt, dass sie an COVID-19 erkrankt sei. Ab heute solle sie für mindestens 2 Wochen zuhause bleiben. Da sich Marianne erst vor kurzem von ihrem Freund getrennt hatte und kinderlos ist, war sie die einzige Person im Haushalt. Ihre Eltern brachten ihr die notwendigen Nahrungsmittel und Hygieneartikel nach Hause. Unterhalten durfte sie sich mit den anderen Menschen nur über Telefon oder Skype.
Das Gefühl von ihren Eltern versorgt zu werden, war entwürdigend für die junge und selbstbewusste Frau. Die Isolation von ihren Bekannten und Freunden lösten in ihr Einsamkeit, Unzulänglichkeit und Traurigkeit aus.
Nach einer Woche Isolation bekam sie eine Whattsapp Nachricht von einer Freundin. In dieser Nachricht beschuldigte sie Marianne sie angesteckt zu haben.
Diese Nachricht schockierte Marianne und sie wusste nicht wie sie darauf antworten sollte. Immerhin war es nicht abwegig, dass es wirklich so war.
Marianne litt seit diesem Tag noch mehr unter Ängsten und fühlte sich von der Welt abgeschotteter denn je.

Der Entzug von menschlichen Kontakten wirkt auf das „Herdentier" Mensch mit der Zeit verheerend. Der Umstand, dass Marianne ihre Wohnung nicht verlassen durfte, die Eltern sie versorgten, ihr die Nähe zu anderen Menschen untersagt wurde, ihre Freundin sie für deren

Krankheit verantwortlich machte, führte bei ihr zu einer noch größeren sozialen und seelischen Isolation.

Sie fühlte sich allein und ihr Selbstwertgefühl schrumpfte von Tag zu Tag.

Psychoemotional

Freude, Trauer, Angst, Wut, Zweifel. Unsere Emotionen entspringen bekanntermaßen unserer „Macht der Mitte" und sind diese einmal entfesselt, ist es schwer sie wieder unter Kontrolle zu bringen. Unser Gefühlsleben verbindet oder unterscheidet uns von anderen Menschen. Wir suchen uns meistens Gruppen aus, die zu unserem Gefühlsleben bzw. zu unseren Emotionen passen. So würde sich ein eher introvertierter Mensch, der seine Gefühle nicht offen zeigt, wahrscheinlich eher einer Gruppe anschließen, die ebenfalls sparsam mit ihren Emotionen umgeht. Ein anderer Mensch der Spaß empfindet viel und laut zu lachen und den die anderen als extrovertiert wahrnehmen, würde sich wahrscheinlich genau mit der gleichen Art von Menschen umgeben.

Auch hier gibt es sicher Außnahmen, doch sind sie nicht die Regel.

Was uns jetzt interessiert ist wie das Gefühlsleben eines COVID-19 Infizierten aussehen könnte.

In der folgenden Geschichte versuche ich zu zeigen wie es einem infizierten Menschen ergehen könnte:

Eine kurze Geschichte:

Jennifer ist 27 Jahre alt. Sie ist vor zwei Wochen an COVID-19 erkrankt. Sie zeigte nur milde Symptome und lediglich ein wenig Husten. Mit dem positiven Coronatest begann bei ihr die Isolation.

Am Anfang der Isolation verspürte sie noch Freude über ihren krankheitsbedingten „Kurzurlaub". Da ihr der Job als Verkäuferin nicht besonders Spaß machte, war sie hinsichtlich der freien Tage nicht unzufrieden. Sie lebte seit drei Jahren mit ihrem Freund zusammen. Es gab zwischen den Beiden hin und wieder Streit. Seit sie zuhause in Isolation war, stritten die Beiden mehr denn je. Ihren Freund störte es, dass Jennifer ständig nur auf dem Sofa lag und nichts machte.

Im Laufe der Wochen wurde die Isolation zur Last. Streit gab es mittlerweile jeden Tag. Ihr Freund hat es ihr außerdem übel genommen, dass er nun auch seine Zeit daheim in Isolation verbringen musste. Durch den ständigen Stress zu Hause sowie die Angst die Arbeitsstelle und damit das finanzielle Auskommen zu verlieren, fing sie wieder an sich zu ritzen obwohl sie das zuletzt vor 10 Jahren gemacht hatte.

Das Ritzen und das häufige Weinen ärgerten ihren Freund und er drohte ihr mit der Trennung. Diese Drohung löste bei ihr noch mehr Ängste aus.

Als dann noch der Vater von Jennifer an dem Virus erkrankte und sie sich die Schuld daran gab, wurde ihr Gefühlsleben noch turbulenter und führte zu starken depressiven Verstimmungen.

Jennifer befand sich ebenfalls in einem Teufelskreis. Der Stress mit ihrem Freund und die Ängste um ihre Zukunft haben bei ihr die verheilt geglaubten seelischen Narben aufgerissen.

Als ihr Vater ebenfalls krank wurde nahm sie seine Krankheit mit ihrem verzerrten Blick wahr (durch ihre eigenen Erfahrungen/Filter). Sie lastete sich dafür die Schuld an. Schlussendlich resultierte aus ihrer verworrenen Gefühlslage und dem regelmäßigen Stress verbunden mit unterschiedlichen Ängsten, eine Depression.

Es stimmt, wenn Sie sagen, dass besonders die letzte Geschichte ein wenig extrem ist. Jedoch steht es außer Frage, dass es zu solchen Fällen gekommen ist und auch noch kommen wird.

Das Virus kann ältere Mitmenschen, jüngere Mitmenschen, psychisch-stabile Mitmenschen und psychisch-instabile Mitmenschen befallen. Wenn Sie das was Sie bisher gelesen haben nochmals Revue passieren lassen, stimmen Sie mir garantiert zu, dass das Limbische System (die „Macht der Mitte"), solche emotionalen Ausnahmesituationen verursachen kann.

Kapitel 4

Während der Pandemie
(Aus der Sicht eines nicht Infizierten)

Im Kapitel zuvor haben wir die Coronakrise aus dem Blickwinkel von CO-VID-19 Erkrankten gesehen. Ängste vor dem Verlust der Gesundheit, Einsamkeit und Entwürdigung durch die notwendige Isolation, haben das Gefühlsleben durcheinandergebracht. So kann der Alltag eines Erkrankten tatsächlich aussehen. Doch wie könnte ein Alltag bei einem Menschen aussehen, der nicht infiziert ist.

Das folgende Kapitel beschäftigt sich mit dieser Frage. Es ist wie das Kapitel zuvor in die Themen Gesundheit, Psychosozial und Psychoemotional unterteilt.

Ich möchte an dieser Stelle darauf hinweisen, dass die folgenden Geschichten lediglich dafür gedacht sind einen Überblick über mögliche Verhaltens- und Denkweisen zu geben. Außerdem sollen sie Ihnen die menschliche Physiologie näherbringen.

Diese Geschichten sind inspiriert von mir bekannten Erlebnissen einiger Menschen.

Gesundheit

Das Gefühlsleben der nicht Infizierten ist im Gegensatz zu dem der Erkrankten einerseits unterschiedlich, andererseits doch relativ gleich. Während die Erkrankten mit teils schweren Symptomen zu kämpfen haben und Urängste verspüren, haben „gesunde Menschen" große Angst davor an dem Virus zu erkranken und schlussendlich den gleichen Leidensweg gehen zu müssen. Viele achten nun mehr auf die erforderlichen Hygienemaßnahmen. Manche sind auf die Idee gekommen sich gesünder zu ernähren und das Immunsystem bzw. den Körper damit zu stärken. Wiederum andere leben ihr Leben als würde es die Pandemie überhaupt nicht geben.

Eine kurze Geschichte:

Gunnar ist 61 Jahre alt und lebt in einem Bundesland, in dem es sehr viele Coronainfizierte gibt. Er selbst ist bisher verschont geblieben. Da Gunnar generell ein pessimistischer Mensch ist und leider vor 6 Jahren einen starken Herzinfarkt erlitten hatte, ist er sehr vorsichtig, an manchen Stellen sogar übervorsichtig. Die Ärzte sagten ihm, dass seine Diabeteserkrankung schuld am Herzinfarkt war.

Die Pandemie bereitet ihm große Angst. Wegen seiner Einstellung glaubt er, dass hinter jeder Ecke der Tod lauert. Bei seinen seltenen Einkäufen achtet er auf jedes Husten und Nießen seiner Mitmenschen. Er lauert auf die neuesten Nachrichten im Fernseher und studiert fleißig die Boulevardblättchen. Auch in den sozialen Medien ließt er jeden Post der mit der Viruspandemie zu tun hat.

Da Gunnar aufgrund psychischer Probleme in der Vergangenheit stets Schlafmedikamente zu sich nimmt und schon immer einen leichten Schlaf hat, kommt er nun noch weniger zur Ruhe. Wie auch? Sogar fünf Minuten vor dem zu Bett gehen studiert er im Handy die neuesten Infektionszahlen in Deutschland.

Gunnar ist zwar bisher nicht krank geworden, doch seine Art zu leben lädt das Virus förmlich ein sich bei ihm einzunisten. Die ständige Angst vor dem Erkranken, verbunden mit dem Zwang neue Informationen über die Pandemie zu bekommen, sind ein wunderbarer Trigger für die „Macht der Mitte". Über sie wird das Hormonsystem wie auch das vegetative Nervensystem stimuliert. Die erzeugte Stresssituation ist verbunden mit einer Zentralisation des Blutes und im Laufe der Zeit auch mit einer Ausschüttung des Hormons Cortisol.

Das Hormon Cortisol wirkt blutdrucksteigernd wie auch blutzuckersteigernd (beides ist Gift für sein Herz). Cortisol wirkt des Weiteren hemmend auf das Immunsystem und bietet dem Virus so ein Tor durch das es in den Körper gelangen kann. Der zunehmende Schlafmangel macht Gunnar impulsiver („Macht der Mitte") und sorgt dafür, dass er schlechtere Entscheidungen trifft. Außerdem hemmt das Cortisol den Stoffwechsel seines Körpers.

Was ist Cortisol:

Cortisol ist ein Hormon, dass in der Nebennierenrinde produziert wird. Von dort aus kommt es ins Blutsystem und entfaltet in den unterschiedlichen Geweben seine Wirkung. Cortisol ist ein Stresshormon. Im Gegensatz zu Adrenalin wird es bei länger andauerndem Stress ausgeschüttet.

Die Wirkungen von Cortisol sind:

- Blutzuckersteigerung

- Blutdrucksteigerung

- Pulssteigerung

- Hemmt das Immunsystem

- Entzündungshemmung

Psychosozial

- Zurückgezogenheit und Einsiedlertum aufgrund der Ansteckungsangst

- Das Hamstern von Nahrungsmitteln

- Anderen Menschen mit Misstrauen begegnen

- Vorurteile gegenüber erkrankter bzw. hustender Menschen (aus Selbstschutz) und ihnen deswegen aus dem Weg gehen

All diese Punkte gehören zu unserem momentanen Weltbild dazu. Das Verhalten einen vermeintlich Coronakranken aus Eigenschutz weitläufig zu umgehen, ist absolut in Ordnung, andererseits ist es wahrscheinlich so, dass ihn so gut wie alle meiden werden und er dadurch mehr und mehr sozial isoliert wird.

Dieser Mensch ist das Opfer einer sozialen Isolation aufgrund eines Symptoms das derzeit starke Angst in den Menschen erweckt. Er wird durch das Symptom innerhalb von Sekunden als Coronakranker abgestempelt und mit allen über einen Kamm geschoren. Die Leute machen das, ohne zu wissen, dass sein Husten nichts mit einem Virus zu tun hat, sondern von seinem Herz kommt, das vor wenigen Jahren einen Infarkt erlitten hatte. Die wenigsten Menschen betreiben diese Ausgrenzung mit Absicht. Sie dient ihrem Schutz vor einer potentiellen Infektion und dazu hat jeder Mensch ein Recht.

Es gibt jedoch auch die bewusste Ausgrenzung von Coronakranken bzw. Coronaverdächtigen aus Angst. Diese Ausgrenzung kann nicht nur im realen Leben, sondern auch in den sozialen Netzwerken stattfinden.

Eine kurze Geschichte:

Linda ist 34 Jahre alt. Sie war schon als Kind sehr ängstlich und scheute daher neue Herausforderungen. Während jeder Grippewelle würde sie am liebsten daheimbleiben und sich verkriechen. Bisher hat ihr risikovermeidendes Verhalten ihr gut getan und sie vor größeren Infektionen und auch Erkrankungen geschützt.

Mit der jetzt aufgekommenen Pandemie sieht sie ihr Leben mehr denn je in Gefahr. Sie achtet auf jeden Huster und Nießer. Sie versucht stets herauszufinden, ob sich die Stimme ihrer Mitmenschen auffällig anhört oder nicht (Ist die Stimme „schleimbelegt"?). Wenn es mal jemand wagt in ihrer Nähe zu husten, dann zieht sie sich den Schal oder den Pullover vor die Nase und geht auf Distanz.

Nachdem zwei Personen aus ihrem Bekanntenkreis am Virus erkrankten, versuchte sie mit Erfolg beim Arzt aufgrund eines erfundenen Infekts ein ärztliches Attest zu erlangen, um nicht mehr zur Arbeit gehen zu müssen.

Als sie es geschafft hatte und gleich für zwei Wochen krankgeschrieben wurde, nutzte sie vermehrt das Internet, um Nahrungsmittel zu bestellen. Öfters brachten ihre Eltern ihr auch Essen und andere Artikel vorbei.

Sie kapselte sich zusehends ab. Das Pflegen sozialer Kontakte war für sie in der Zeit nicht wichtig, sogar eher riskant. Sie dachte sich, dass wenn sie in der momentanen Zeit Kontakt zu ihren Freunden sucht, kommen diese vielleicht auf die dumme Idee sie zu besuchen.

Obwohl sie einen Arbeitsplatz hat den man nicht als sicher bezeichnen würde, bemühte sie sich von eben diesem fern zu bleiben. Ihre Gesundheit sei ihr lieb und teuer, pflegte sie immer wieder zu sagen.

Nach kurzer Zeit verließ sie ihre Wohnung gar nicht mehr, auch das obligatorische Joggen hat sie aufgegeben.

Nach einer Verlängerung der Krankschreibung hat sich der Arbeitgeber schließlich von ihr getrennt.

Linda ist ein gutes Beispiel wie „sich selbst schützendes Verhalten" in die Extreme ausufern kann. Obwohl sie zu keiner Risikogruppe gehörte, versuchte sie alles um daheim zu bleiben, um nicht angesteckt zu werden.

Der Selbstschutz auch im Sinne der Gesellschaft ist sehr lobenswert. Doch Linda hat den feinen Unterschied zwischen Selbstschutz und übertriebener Zurückgezogenheit nicht erkannt.

Auch bei ihr schlug die „Macht der Mitte" zu. Aus Angst vor Ansteckung hatte sie sich eingeigelt. Ihre von klein auf konditionierte Angst war so stark, dass Linda vor der Herde floh und sich gänzlich von ihr abschottete.

Was ist Oxytocin:

Lindas Geschichte erinnert mich sehr an das Hormon Oxytocin. Dieses Hormon wird auch als Kuschelhormon bezeichnet. Es wird bei körperlicher Nähe und körperlichem Kontakt ausgeschüttet.

Bei Müttern, die zum ersten Mal ihr Neugeborenes im Arm halten, findet eine Ausschüttung an Oxytocin statt. Das Kuschelhormon wird vor allen Dingen im Hypothalamus produziert und schafft es im Übrigen auch die „Macht der Mitte" zu beruhigen.

Oxytocinwirkungen sind:

- vermehrte Muttermilchproduktion

- vermehrte Wehentätigkeit bei werdenden Müttern

- Steigerung des Wohlbefindens

- Entspannung

- verstärktes Vertrauen

- Steigerung des Mitgefühls

Psychoemotional

Die Emotionen kochen auch bei nicht Infizierten hoch. Bei vielen von ihnen regiert die Angst. Die Angst vor der Kündigung durch den Arbeitgeber, die Angst aufgrund der Kurzarbeit die Rechnungen nicht mehr bezahlen zu können, die Angst, dass man selbst oder Menschen aus der eigenen Familie wie auch Freunde am Virus erkranken. Menschen verzweifeln, wenn sie eine Hiobsbotschaft nach der anderen im TV hören und werden wütend, wenn sie draußen die acht Nachbarskinder spielen sehen (trotz dem Verbot von Versammlungen über fünf Personen).

Eine kurze Geschichte:
Andreas ist 42 Jahre alt und Vater von drei Kindern. Vor zwei Jahren haben er und seine Frau ein Haus gebaut. Für den Abteilungsleiter war der Bau ein sehr kostspieliges Unterfangen. Mit drei Kindern, einem Haus und zwei Autos kann das Geld am Monatsende schon mal knapper werden. Da seine Eltern, als er noch ein Teenager war, ihr Haus aufgrund immenser Schulden verkaufen mussten, war es für ihn ein schönes Gefühl wieder eines zu besitzen.
Als am Anfang der Pandemie die Regierung beschloss ganze Branchen vorübergehend dicht zu machen überkam ihn die Angst. Was sind die Folgen für ihn bei Kurzarbeit? Er könnte so auf gar keinen Fall seine

Rechnungen bezahlen. Zwar sagte sein Chef, dass es in seinem Unternehmen wahrscheinlich nicht dazu kommen sollte, aber man kann ja nie wissen wie lange dieser Ausnahmezustand noch dauern wird.

Seine Angst wurde nochmal verstärkt als einem guten Freund von ihm plötzlich gekündigt wurde. Auch dieser war Vater und darüber hinaus auch Alleinverdiener.

Andreas steigerte sich mehr und mehr in seine Angst hinein. Sein Schlaf verschlechterte sich und zusehends auch seine Laune. Die Last, die er trug, fing an ihm zum Verhängnis zu werden.

Auch bei der Arbeit wurde Andreas immer unkonzentrierter. Mal vergaß er etwas, mal machte er einen größeren Fehler.

Seine Kollegen und seine Familie versuchten ihn wo immer möglich zu unterstützen. Leider half die Unterstützung nur wenig.

Eine Woche später konnte Andreas gar nicht mehr schlafen. Er hatte das Gefühl innerlich zu beben und fühlte sehr häufig ein Kribbeln in seinen Händen. Sein Magen war dauerhaft so verkrampf, dass er keinen Bissen mehr hinunter bekam, ohne unter Schmerzen zu leiden.

Drei Tage später wurde er von seinem Arzt krankgeschrieben. Andreas hatte sich durch die ständige Angst und die Zweifel selbst ausgebrannt.

Die Pandemie verbunden mit der drohenden Kurzarbeit sowie der prekären Wirtschaftslage hatte die Gefühlswelt von Andreas auf den Kopf gestellt. Die hohen finanziellen Verpflichtungen hatten ihn derart unter Druck gesetzt, dass er sich in einer Spirale der Angst und des Zweifels befand, aus dem ihm weder seine Familie noch seine Kollegen heraushelfen konnten.

Seine Blickfilter (Die Summe an Erfahrungen und Erkenntnissen, die unseren Blick auf aktuelle Situationen verfälschen bzw. beeinflussen können) hatten ihm ein Bild von der gegenwärtigen Situation der Familie gegeben, die nicht der Wahrheit entsprach. Die durch seine Erfahrungen (seine Eltern gingen Pleite) veränderte Wahrnehmung führte ihn in große Zukunftsängste hinein (Die „Macht der Mitte" wurde aktiv). Das Limbische System aktivierte über den Hypothalamus das Stresshormonsystem und das vegatative Nervensystem was ihn in einen Fight-/Flightmodus versetzte. Dieser Modus sicherte bei unseren Vorfahren das

Überleben und erzeugt einen „starren Blick" der uns nicht mehr konstruktiv denken lässt und daher kontraproduktiv u.a. für unseren Job ist. Sein Schlafmangel verstärkte diesen Zustand nochmal um einiges.

Kapitel 5

Wie sieht unsere Gesellschaft nach der Pandemie aus?

Nach dem Entstehungsort der Emotionen, den unterschiedlichen Arten des Lernens und einem Überblick über mögliche Verhaltens- und Denkweisen von Coronaerkrankten und nicht Infizierten, komme ich jetzt zu dem Thema wie sich unsere Gesellschaft durch die Pandemie verändern kann.
Was wird es in Zukunft für Verhaltens- und Denkweisen geben? Welche Glaubenssätze haben sich in den Köpfen der Leute verankert? Werden die jetzt entstandenen Ängste (auch Existenzängste) in unserem Gedächtnis gespeichert? Wird für die die am Virus erkrankten diese Zeit wie ein Trauma sein?

Das Kapitel spiegelt meine Meinung über unsere Zukunft wieder und ist weder wissenschaftlich belegt noch meines Wissens untersucht worden.

Wird es neue Verhaltens- und Denkweisen geben?

Ich denke, dass es sie geben wird. Die Pandemie ist ein derart einschneidendes Erlebnis gewesen, dass sie unsere Gesellschaft in gewissen Bereichen nachhaltig verändert hat. Ob die Veränderungen in allen Bereichen nachhaltig sein wird ist strittig und wird sich im Laufe der Zeit herausstellen.

Ich bin der Meinung, dass es ein Umdenken zum großen Thema Hygiene geben wird. Das stetige Händewaschen, der einzuhaltende Abstand zu Erkrankten, das häufigere Verwenden von Desinfektionsmittel wird sich durch die Pandemie fortwährend verändern. Wir fragen uns nicht mehr so häufig warum wir uns schützen sollten. Wir machen es, weil wir erlebt haben wozu Nachlässigkeit in diesem Bereich führen kann.

Auch das Husten und Nießen in die Ellenbeuge wird ein Bestandteil unseres neuen Verhaltens sein.

Ob die Pandemie dazu geführt hat, dass man mit einem ärztlichen Attest daheimbleibt bzw. bei einem Infekt nicht mehr zur Arbeit geht, um sich und andere zu schützen, kann ich nicht sagen. Sicher steckt viel externer Druck dahinter. Menschen die krank sind gehen zur Arbeit, weil ihr Chef sich so nicht aufregen würde. Dieser Druck wird auch in Zukunft bestehen und uns, trotz Krankheit, zur Arbeit gehen lassen

Wie sieht es mit dem Händedruck zur Begrüßung und Verabschiedung aus? Ich gehe davon aus, dass er nach wie vor fester Bestandteil unseres Lebens bleibt. Die Menschen, die ihn immer verwendet haben, werden ihn auch in Zukunft verwenden. Die Menschen, die schon immer den Anderen die Hand verwehrt haben, werden dies auch in Zukunft tun. Der obligatorische Händedruck ist viel zu sehr in unserer Gemeinschaft verwurzelt.
Wo es jedoch Veränderungen geben wird, ist wenn die Person, der wir die Hand reichen wollen, krank ist. Viele Leute werden nach der durchgemachten Pandemie die Hand unten lassen, um Ansteckungen zu vermeiden.

Gesunde Ernährung ist für die Stärkung unseres Immunsystems sehr wichtig. Bei manchen Leuten, für welche die Pandemie ein Gedankenanstoss war, wird die Ernährung noch mehr im Focus liegen. Diese Menschen haben erkannt, dass man seinen Körper pflegen muss. Wenn man sich um ihn kümmert, geht es ihm gut und man ist nicht mehr so anfällig für Infekte bzw. Virusinfektionen oder verschiedene andere Erkrankungen.

Es gibt auch nach der Krise Menschen, die vor Allem auf sich schauen. Die wird es immer geben.
Ich bin der Meinung, dass durch die Pandemie die nicht nur Schlechtes hat, die Gemeinschaft weiter in den Vordergrund gerückt ist.

Obwohl ich an dieser Stelle auch klar sagen muss, dass es auch Menschen gibt, die durch die Krise sich noch weiter von der Gemeinschaft entfernt haben. Ob man sich noch mehr zu einem offenen Teamplayer oder zu einem engstirnigen Einzelkämpfer entwickelt, liegt auch sehr an der Reaktionsverarbeitung eines jeden Menschen. Ein und derselbe Reiz löst von Mensch zu Mensch unterschiedliche Reaktionen hervor. Das liegt an seinem jeweiligen Blick auf die Welt. Ein vor-beeinflusster und durch die Vergangenheit verzerrter Blick lässt uns den gleichen Reiz unterschiedlich „verdauen" und insoweit startet er auch andere Programme im Kopf. Auf diese Weise bewirkt er in uns etwas Positives oder etwas Negatives. Das aber ist bei jedem Menschen unterschiedlich.

Werden wir in Zukunft noch mehr Distanz halten? Werden wir Menschenmengen als gefährlich erachten?
Während der nächsten Grippephase auf jeden Fall. In Zeiten wo wieder vermehrt Krankheitserreger vorhanden sind, werden viele von uns lieber daheimbleiben und so Distanz zu potenziell ansteckenden Menschen halten. Bei diesem Punkt ist wieder mal der Blickfilter anzuwenden. Personen, die ohnehin nicht viel von Menschenmengen und geringer Distanz zu Anderen halten, werden sich nun noch mehr von ihnen fernhalten. Personen, für die Menschenmengen immer ein Teil ihres Lebens waren, werden sich wahrscheinlich auch nach wie vor in diese hineinbegeben.
Die Coronavirus-Pandemie wird bei den Meisten von uns ins Gedächtnis bzw. Unterbewusstsein gelangen, so dass es schon bald ein Teil unserer Erfahrungen sein wird und so als Filter auf unserer Wahrnehmung liegen wird. Die Zeit, die wir gerade durchleben, wird unsere zukünftigen Entscheidungen nachhaltig verändern. Sie wird einer der Filter sein, die unsere Wahrnehmung beeinflussen.

Ich glaube nicht, dass von COVID-19 infizierte Menschen auch in Zukunft unter Ausgrenzung zu leiden haben. Diese Menschen gehörten vor der Krise zu unserem Bekanntenkreis und werden es nach der Krise auch wieder sein. Hingegen ist es sehr gut möglich, dass sich zwischenmenschliche Kontakte aufgrund der Ausnahmesituation deutlich verändern. So kann der beste Freund plötzlich nicht mehr der Beste sein und ein Anderer kann zum besten Freund werden. Das liegt daran mit wem ich mich nicht identifizieren kann bzw. wer mit mir auf einer Wellenlänge ist. Die Pandemie kann persönliche Schwerpunkte teilweise deutlich verändern. Sie kann unseren Blick auf die Welt wie auch unseren Charakter nachhaltig verändern und damit auch unsere Anbindung an andere Menschen.

Was ist mit den Glaubenssätzen in unserem Kopf

Die Glaubenssätze, die in unserem Unterbewusstsein entstehen und unser Dasein stark beeinflussen, werden uns häufig in jungen Jahren mitgegeben. Sie resultieren aus Erlebnissen, die wir im Laufe unseres Lebens gemacht haben.

Ein paar Beispiele für positive und negative Glaubenssätze sind:

- Wenn ich mit einer Aufgabe anfange, werde ich diese erfolgreich beenden

- Wenn ich etwas Neues wage, geht das sowieso schief

- Ich kann gut mit Menschen umgehen

- Ich kann nicht vor fremden Leuten eine Rede halten

- Meine nächste Krankheit wird mir das Leben kosten

Durch das einschneidende Erlebnis, das wir im Moment erleben und das bereits vielen das Leben gekostet hat, werden viele Glaubenssätze in unser Gehirn eingepflanzt.
Das kommt sowohl beim Coronakranken der auf der Intensivstation gepflegt wurde und so überlebt hat als auch beim nicht Infizierten, der unter schrecklichen Ängsten litt, vor.

Mögliche Glaubenssätze, die in der Krise entstehen könnten, sind folgende:

- Das Virus hat meinen Körper so geschwächt, dass ich durch den nächsten schwereren Infekt sterben werde

- So eine Krise wird bald wiederkommen und dann wird sie mich hart treffen

- Die nächste Pandemie lässt bestimmt nicht lange auf sich warten

- Ich bin selbst schuld, dass ich das Virus bekommen habe

Es kommt sicher zur Bildung verschiedener behindernder Glaubenssätze, die uns in Zukunft begleiten werden. Die Krise war tiefgreifend genug, um in unser Unterbewusstsein zu gelangen.
Zum Glück können wir diese durch eine geeignete Therapie wieder verlernen oder umprogrammieren.

Werden die Ängste, die wir durch die Pandemie entwickelten in unseren Köpfen bleiben?

Nach der Pandemie werden sicher bei vielen Menschen Ängste zurückbleiben. Die unterschiedlichen Ängste werden so lange in den Köpfen verweilen bis man etwas gegen sie unternimmt.
Je nach Schweregrad der Angst sind unterschiedliche Methoden bzw. Therapien anzuwenden.
Ein 50-Jähriger, der die Virusinfektion knapp überlebt hat, bedarf einer anderen Zuwendung als ein 36-Jähriger der Ängste um seine Arbeit und sein Erspartes entwickelt hat. Wobei klar ist, dass beide Ängste auf jeden Fall sehr ernst zu nehmen sind. Beides sind Existenzängste. Bei der Einen handelt es sich um die Angst das Leben zu verlieren, bei der anderen Angst handelt es sich um den Verlust von Stabilität und Sicherheit im Leben. Diese Ängste resultierten entwicklungsgeschichtlich daraus,

dass bei Verlust von Stabilität bzw. Sicherheit relativ schnell der Tod drohte.

Wie gesagt! Für beide gibt es angepasste Methoden zur Behandlung. Man sollte diese Möglichkeiten wahrnehmen. Denn Ängste können, wenn man sie vollkommen unbeachtet lässt, den Körper schädigen.

Trauma: COVID-19

Das Thema seelisches Trauma ist gerade für die Menschen, denen die Virusinfektion sehr gefährlich wurde und knapp überlebt haben sehr relevant. Da sich diese in einer schwerwiegenden körperlichen und seelischen Situation befanden, welche im weiteren Verlauf zu einem posttraumatischen Belastungssyndrom oder einer Anpassungsstörung führen könnte, wäre es von Vorteil wenn sie sich in Behandlung begeben würden.

Darüber hinaus ist es auch wahrscheinlich, dass Menschen, die selbst nicht infiziert waren, seelische Narben davontragen könnten. Es kann sich um die Angst handeln sein Eigenheim zu verlieren, nach einer Erkrankung weiterhin unter Ausgrenzung leiden zu müssen oder um die Angst ein Kind durch das Virus zu verlieren.

Diese Zeit ist so angstbeladen und ungewiss, dass sie bei Vielen zu dauerhaftem Stress sowie einer starken psychischen Belastung führen kann. Die Folge können Anpassungsstörungen und Burnout sein.

Kapitel 6

Ein paar Worte zum Unterbewusstsein

Was ist das Unterbewusstsein? Wo im Gehirn liegt es und wie ist es aufgebaut? Das sind gute Fragen, die ich nicht mit vollständiger Sicherheit beantworten kann.

Das Unterbewusstsein ist für mich eng verwoben mit der „Macht der Mitte" (Limbisches System) das die emotionale Kapazität (emotionaler Körper) des Menschen darstellt. Emotionen sind tiefliegend und entstammen häufig aus vergangenen Erlebnissen. Diese sind uns evtl. gar nicht mehr bewusst, trotzdem beeinflussen sie unser Dasein nach vielen Jahren noch.
Das Unterbewusstsein ist quasi die „weise Unbekannte" des menschlichen Körpers.
Es gab schon viele Studien und viele Ergebnisse zum Thema Unterbewusstsein. Die Ergebnisse sind, dass wir zu 10% im Bewusstsein denken und zu 90% im Unterbewusstsein.
Das Bewusstsein scheint lediglich ein einzelner Abgeordneter im Parlament zu sein. Dieser hat zwar eine Stimme und kann auch an den Abstimmungen teilnehmen, trotzdem ist seine Stimmgewalt im Gegensatz zum restlichen Parlament doch eher gering.

Die „weise Unbekannte" ist im Gehirn das non plus ultra. Sie ist der weise unbekannte Lenker unseres Verstandes.
Was mir zum Unterbewusstsein noch einfällt sind Wörter wie „Bauchgefühl" und „Intuition". Wenn wir Lernen aus dem Bauchgefühl heraus zu handeln, würden viele unserer Entscheidungen am Ende mehr Früchte tragen. Das liegt wohl daran, dass das Bauchgefühl bzw. das Unterbewusstsein viel klüger ist als unser Bewusstsein, mit dem wir meistens die Entscheidungen treffen.
Ich würde die Intelligenz der „weisen Unbekannten" auf das Tor zu unserem Bewusstsein zurückführen.

Der Thalamus gilt als Tor unseres Bewusstseins. Er lässt nur einen Bruchteil der ankommenden Informationen durch und schützt so das leicht zu überlastende Bewusstsein vor zu vielen Daten.

Nur weil er 98% der Daten nicht durchlässt, heißt es nicht, dass diese dadurch verloren sind. Das Unterbewusstsein, dass eine viel größere Datenkapazität hat, nimmt die Informationen, die sonst verloren wären auf.

Diese These würde erklären warum wir mit unserem „Bauchgefühl" so häufig richtig liegen und es uns auf den richtigen Weg bringt. In unserem „Bauchgefühl" schlummert eine Intelligenz von großem Ausmaß.

Es ist für mich immer ein wenig eigenartig und schwer zu verstehen, dass die meisten Menschen viel mehr ihrem Bewusstsein folgen, statt sich auf das Bauchgefühl zu verlassen, welches einiges weiser zu sein scheint.

Die Tatsache, dass wir immer mehr unserem bewussten Wissen folgen als auf unsere innere Stimme zu hören, ist für mich ein Produkt unserer Gesellschaft. Über lange Zeit hinweg erachteten wir das Schulwissen als unantastbar. Hauptsache war für uns, dass wir den Grund, aus dem wir einem Weg folgten, erklären konnten. Die Belegbarkeit einer Theorie bzw. einer Idee war für uns das Wichtigste. Dabei haben wir die wichtigste Stimme überhaupt, die „weise Unbekannte" nicht zu Wort kommen lassen.

Wir haben quasi ständig nur auf den einen Abgeordneten vertraut und haben dabei das übrige Parlament links liegen gelassen.

Ich möchte jedoch nicht das Schulwissen und bewusst erlerntes Wissen schlecht machen. Ich möchte dieses Kapitel lediglich dafür nutzen, um die Menschen zu animieren ihre tiefe innere Stimme anzuhören und so von ihr und ihrer Weisheit zu profitieren.

Gerade in der heutigen Zeit ist es absolut wichtig sich soviel Meinungen wie möglich anzuhören.

Ich empfehle daher, dass man sich vorstellt man hätte zwei unterschiedliche Berater. Der Eine sitzt auf der linken Schulter und der Andere auf der

Rechten. Den ersten Berater „das bewusste Wissen" lässt man eine Entscheidung treffen.

Die getroffene Entscheidung legt man nun seinem zweiten Berater, „die weise Unbekannte" vor, damit er diese überprüfen und uns dazu ein Feedback geben kann.

Zeitfracht Medien GmbH
Ferdinand-Jühlke-Straße 7
99095 Erfurt, Deutschland
produktsicherheit@kolibri360.de